거울의 방언

문학과사람 시선 036

거울의 방언
문학과사람 시선 036

초판 발행 | 2025년 9월 15일

지 은 이 박미숙
펴 낸 이 김광기
편집주간 박현솔
펴 낸 곳 문학과사람
출판등록 2016. 7. 22. 제2016-9호
주   소 경기도 시흥시 하상로 36 금호타운 301-203
          서울시 마포구 월드컵북로7길 76-12, 102호
대표전화 010-8773-8806
homepage http://cafe.daum.net/yadan21
E_mail   keeps@naver.com

ⓒ박미숙, 2025
ISBN 979-11-93841-44-0 03810

값 12,000원

* 이 책의 저작권과 전송권은 저자와 출판사에 있습니다.
* 이 도서의 국립중앙도서관 출판도서목록(CIP)은 서지정보유통지원시스템 홈페이지(http://seoji.nl.go.kr)와 국가자료종합목록 구축시스템(http://kolis-net.nl.go.kr)에서 이용하실 수 있습니다.
* 이 시집은 교보문고와 연계하여 전자책으로도 출간됩니다.

거울의 방언

박미숙 시집

* 본문에서 페이지가 바뀌며 연 구분이 있을 때에는 〈 표기를 합니다.

■ 시인의 말

I (+ − × ÷) THEY = my life

2025년 9월, 박미숙

■ 차 례

1부 _ 봄(春)-보다

우분투(ubuntu) - 19
봄 1 - 20
봄 2 - 21
봄날은 간다 - 22
가로등 - 23
회귀 - 24
비전이 현재를 만든다 - 25
행복이 별거더냐 - 26
키오스크 - 27
바이올린 - 28
오늘도 하루 종일 바람이 불었다 - 29
사랑이 시작되면 무엇으로도 막을 수 없다 - 30
군자동 행정복지센터 - 32
상사(想思) - 34
사람과 사람 - 35
柳 버드나무, 머물다 - 36
사랑하는 손녀 - 37
아들 손을 만져본 게 언제인지 - 38
모든 질문에 대한 해답은 너였구나 - 39
어느 노부부 2 - 40
길 - 42
행복이란 - 44

2부 _ 여름(夏)-열매의 방언

sunflower - 47

비가 - 48

심장이 기억해 - 49

모정 - 50

고아 - 51

우리는 어떤 기준으로 관계하였는가? - 52

흐노니 - 54

호수에 비친 달 - 55

그림자 - 56

구해줘 - 57

남의 편 1 - 58

남의 편 2 - 59

혼인서약서 - 60

약장수 - 61

3부 _ 가을(秋)-때, 시기

낙화 - 65
끊임없이 길을 잃었어 - 66
부유하는 기분 - 67
가을 - 68
석류 - 69
빈 들에서 - 70
볼 빨간 갱년기 2 - 71
상처 입은 짐승은 서로의 상처를 핥아준다 - 72
아브라싸메(Abrazame) - 73
이생은 망했다 - 74
까마귀 - 75
비문증 - 76
핑크뮬리 - 77
전화번호 - 78
이순(耳順) - 79
리사이클 - 80
서리 - 82
원하는 것으로 유혹한다 - 84
인생 3 - 85

4부 _ 겨울(冬)-거울의 방언

곤로 - 89

우울 - 90

동명이인(同名異人) - 91

눈 - 92

쇼윈도 부부 - 93

인생 삼재 2 - 94

과거가 아무리 좋았대도 한낱 추억일 뿐이다 - 96

난심 - 97

네 아버지는 웃밥만 먹고 가셨다 - 98

누구도 외롭지 않게 - 99

무명씨(無名氏) - 100

내리는 비를 어찌 막겠어 - 101

흔들리는 등불 - 102

그 or 그녀 - 103

미련 3 - 104

인생 - 105

도 닦는 스님이 염불 안 하냐? - 106

누구나 비밀은 있다 - 107

1부

봄(春) – 보다

우분투(ubuntu)

솔직함과 무례함의 경계에서 분별력을 갖고
스스로는 알 수 없는 스스로에 대해
다른 인생을 경험한 친구들의 조언을 듣자
나를 인정해주는 사람들과 함께하자

나와 다른 각자의 기준은
틀린 것이 아니라 다른 것이라고
나와의 다름을 인정하면서
화합과 연합으로 함께 나아가자

빨리 가려면 혼자 가고 멀리 가려면 함께 가라
백지장도 맞들면 낫다는 말이 있다
그늘 넓은 나무에 새가 모여들듯이
마음으로 나를 들어주는 친구들

네가 있기에 내가 있다

봄 1

투명한 봄 춘심이 발동해서
바구니 옆에 끼고 들로 나가니
봄바람에 부비대는 들꽃이 활짝
작은 시내 봄물에 마음이 근질근질하고
돌담 밑의 이름 모를 풀꽃들
오늘 아낌없이 사랑하기에 이유 달지 않기

봄 2

삼라만상이 분주히 움직이는 소리
나란히 나란히 팔 벌려 구령 맞추는 소리
좌우로 정렬 앞뒤 순서 정하는 소리
빗님은 살며시 문 두드리고
시냇물이 연주하는 왈츠의 리듬
자!
준비됐나요♬
준비됐어요♬

봄날은 간다

텅 빈 거실의 시계 소리
띵동 택배 아저씨의 문자
중국집 총각의 오토바이 경적소리
정오의 적막을 깨뜨린다

연분홍 치마는
봄바람에 휘날리지 않고
아카시아 꽃이 바람에 살랑살랑
나른한 햇살에 눈이 감긴다

가로등

동네 어귀부터 하나둘 불이 켜진다
이집 저집 굴뚝에서 밥 짓는 하얀 연기
진석아 밥 먹어라
미숙아 밥 먹어라

늦은 밤 골목길 불빛 아래
슬며시 마주한 입술
더벅머리 머시매 창문을 쾅
골목엔 개 짖는 소리

회귀

돌아가거나 돌아왔다
그대 보이지 않는가
여전히 나풀거리는 저 노란 손수건이

비전이 현재를 만든다

열정이 있었지
7전 8기 알아?
하다 보면 뭐라도 되어 있을 거야
네 인생인데 내버려 둘 거야?

부싯돌 같은 찰나의 인생이지만*
오늘 예상하지 못한
많은 기적 같은 일이 일어날 수도 있지
길 잃고 결점 있는 너도 좋지만
길이 없다고 주저앉아 있을 수는 없잖아?

네 인생의 주인공으로 살아
너를 안아주면서

*백거이-대주(對酒)의 한 대목

행복이 별거더냐

겨울이 오기 전 창고에 들여놓은
연탄 500장의 따뜻함
김장 김치 100포기의 든든함
아플 때만 먹을 수 있었던
복숭아 간소메
문 걸어 잠그고 먹는다는 가을 아욱국
내 것이 아니어도 가슴 벅찬
가을 들판의 황금 물결
비 오는 날 마시는 믹스커피의 달콤함

남이 먹는 밥이 내 배를 불릴 수 없고
물질적 풍요만이 행복을 주지 않는다
북을 크게 두드리면 큰 소리가 나고
작게 두드리면 작은 소리가 난다

키오스크

내시경 땜에 금식하고 진료받고 동네 오니 점심시간
죽을 먹든 밥을 먹든 해야 하지만
빵순이 눈에 들어온 건 롯데리아
덥고 배도 고프고 무작정 직진
사람이 주문을 받는 게 아니라 기계가 주문을 받는다
난 분명히 세트메뉴를 눌렀는데 뭘 더 하란다
대체 날 보고 뭘 더 하라는 건가
취소하고 다시 하고 취소하고 다시 하고
아하! 세트여도 라지로 할 것인지
기본으로 할건지를 묻는 거였다
늘 애들이 주문하니 한 번도 경험이 없었는데
피식 웃음이 새어났다
살람남에서 박서진이 부모님께 경험해보시라고 했더니
30만 원 넘게 음식 시킨 게 생각났다
세상이 빠르게 변하는데 나도 변해야지
지금껏 구식으로만 살았지

바이올린

싸운드 박스의 두께를 조절하고
빈 공명통을 울려서
맑고 아름다운 선율이 흐르듯

사람들의 공명통인 우리들의 마음도
비워야 아름다운 소리를 낼 수 있다
빈 마음이란 생각이 없는 것이 아니다
왜곡되지 않은 진실된 마음을
동일한 주파수에 맞추고
잔잔한 영혼의 소리를 듣는 것이다

함께 울리는 소통의 멜로디

오늘도 하루 종일 바람이 불었다

꽃도 버들도 흐드러지던 찰나의 시간
더는 부를 수 없는 거세된 욕망
귓가로 불어오던 너의 숨결에
부풀어 오른 가슴
일렁이던 눈빛

섣불리 가늠해버린
행간 속의 네 마음
그 사이로
유영하는 나의 영혼

사랑이 시작되면 무엇으로도 막을 수 없다

봄바람에 미소짓는 복숭아꽃
달뜬 밤 그날의 하얀 배꽃
소용돌이치는 잉여의 감정들
어쩌자고 너를 탐했을까

사랑이란 이름의 영원한 기억을 새겨준
사랑하는 사람의 시선을 즐기자
자신감 있어 보이되 오만하지 않고
구름 깃털처럼 품위 있고 우아하게
있는 그대로 사랑하고
그 이상을 원하지 말자

어느새 당신을 그리다 세어진 귀밑머리
그의 과거 속에 내가 있는데
내 모든 순간은 그대이다
눈에 담고 가슴에 담고 영혼에 새겨도
다 차지 않는 그대여

그대 앞에서 나는 속수무책이더라

너라면
길을 잃지 않을 것 같았어

군자동 행정복지센터

"안사람 주민등록증 찾으러 왔는데요?
같이 사시죠?"
"이혼서류 있나요?
법원으로 가보시고
접수는 시청에서 하세요"
"회사에서 면접 보러 오라는데 길을 몰라요
몇 번 버스 타고 가요?"
"의료보험이 왜 많이 나왔어요?
소득에 따른 거라 수입이 올랐나 보죠"
"장애 진단받으려는데 필요한 서류는요?"
"어린이집 보내려는데요"
"라면이랑 반찬 준대서 왔는데…"
"복사 좀 해주세요"
"나 독거노인인데 왜 아무것도 안 줘요?
내 이름 여기 없어요?
신분증 주세요
할머니 통장에 돈이 너무 많아서 안 돼요"

〈
맞춤형 복지
맞춤형 행복

상사(想思)

산이 무너지고 천지가 합해져도
너를 잊지는 못하리
달이 뜨고 지는 한
내 사랑은 끝나지 않아
면벽에 들어간 시간들이 무의미해지고
황량한 눈언저리로 눈처럼 흩날리던 네 미소도
다다를 수 없어서 간절한 사랑

파초에 떨어지는 빗소리 아득하여라

사람과 사람

흉년에 똥은 옆에 두고 먹어도
사람은 옆에 두고 밥 못 먹는다는
말이 있다

불행도 행복의 원천도 사람에게 있다
얽히고설킨 칡과 등[葛藤]이
서로에게 든든한
힘이 되어 줄 수도 있다
미래가 어떤 모습이든 적어도 지금은
우리가 함께 걷고 있다는 것
사람도 공생할 때 잘 살 수 있다

달이 숨으면 별이 보인다

柳 버드나무, 머물다

그 말을 하지 않으면
그 걸음을 내딛지 않으면
평생 후회할 것 같아
천 길 낭떠러지라도
같이 뛰어내리고 싶어

밤은 달과 별의 것이지만
나만은 너의 것이기를

사랑하는 손녀

벚꽃이 눈처럼 흩날린다

볼에 피어난 복숭아꽃
부드럽게 안겨 온다

세상에서
가장
아름다운 피사체

아들 손을 만져본 게 언제인지

젖을 빨고 있다
홍매화 같은 붉은 입술로
젖가슴을 만지는 작은 손과
마주한 두 시선

심장에 미치는 파장과
그로 인해 뛰는 심장의 진동수
너로 펼쳐진 눈부신 스펙트럼

별 마실 오실 때까지
매일 매일 행복해라

모든 질문에 대한 해답은 너였구나

하얀 첫눈처럼 흩날리더니
소리 없이 네가 쌓이더라
삶에서 가장 괴로운 건 기억이다
지울 수 없으니까

반딧불이도 희미해지는 시간
아무도 없어도
아무것도 없어도
너만 있다면
행복할 것 같다

어느 노부부 2

노을 지는 저녁
소파에 앉아 티비를 보며
서로의 등을 긁어주고
그림자처럼 함께하기를

서로의 교집합이 크고
의무가 아닌 사랑으로 살아온 우리
꽤나 잘 어울리오
같은 속도로 같은 보폭으로
마음 맞는 이와 마음 가는 데로 사는
기분 좋은 느낌
서로에게 최고의 답을 줄 수 있는
대체 불가능한 존재

서로에게 살기 좋은 곳
서로에게 마음 편한 곳
〈

희망사항

길

여긴 어디?
나는 누구?

낯선 도시에 툭 떨구어져서
때로는 날 선 삭도처럼
때로는 마른 삭정이처럼
가끔은 나에게 나를 증명하면서
그렇게 살았다
다른 삶의 방식들과
추구하는 가치와의 간극의 차이는
내가 나를 뛰어넘을 때 달라지더라
그러나
무엇인가 얻은 게 있다고
잃은 게 채워지진 않더라

회색의 하늘에서 성글게 내리는 눈
내가 원하는 삶은

내가 옳다고 믿는 방식으로 살면 된다

스스로를 잘 돌보면서

행복이란

괴롭거나 불행한 상태가 아니면
행복한 거란다
심리적 포만감이 필요해

웃음이 자꾸 새어 나와
영혼을 데워주는 것 같아
가랑비처럼 젖어 드는 기쁨

행
~
복

2부

여름(夏) – 열매의 방언

sunflower

수없이 너에게로 가고
돌아왔던 길들

해와 달과 별들이 어둡기 전에
내게로 돌아와
당신에게 난
살아서 잊혀진 자

그리움도 기다림도
이젠 끝나버려

다신 볼 수 없겠지만
난
당신을 잊을 수도 없습니다

비가

하늘에는 비익조
땅에서는 연리지
물속의 비목어

우리 다시
서로의 구원이 될 수 있을까?

억지로 딴 참외는
달지 않다

심장이 기억해

한여름의 뜨겁던 태양보다 더 뜨겁게
황금보다 더 빛나고 찬란하게
영혼까지 잠식해버린 너로 인해
내 마음은 이미 만조이지만
너라는 화두 앞에는
언제나 간절한 그리움
스며 들어가 네가 되고 싶은

사랑은 이별을 낳고 이별은 그리움을 낳고
그리움은 또 그리움을 낳고
낳고
낳고
낳고

모정

"개싸움 한 것 같은 미친년 머리 꼴을 하고
어떻게 자식 자랑을 하는지 번호도 못 타
책으로 써놓고 순서대로 읽나벼"

세상일이 수레바퀴 앞의 사마귀 같고
개가 뜯어 먹고 남은 것 같은
인생 같아서
그래서
뭐든 그만둘 수도 있지만
결코
그만 둘 수
없
는
것

고아

'우리 미숙이도 이젠 고아네'

차라리 고아이기를, 고아원에 버려주기를
가져본 적 없는 부모, 보여준 적 없던 관심
진실엔 무관심하며 난무하는 말들
죽은 아들 불알 만지는 꼴이다
만석꾼 천석꾼도 남에게 빌릴 게 있다는데
서로 의지하고 기대고 사는 게 가족인데
흔들리고 넘어져도 잡아주는 손 하나도 없었다

어떤 위로는 날 선 검처럼 나를 찌른다

우리는 어떤 기준으로 관계하였는가?

스스로를 괴롭히거나 남을 괴롭히는 일 없이
사랑은 존재하지 않는다더니
준 사랑 돌려받고자 함은 아닌데
그저 보고 싶을 뿐인데
꼭 그뿐인데

나뭇잎 부딪치는 소리에도 금세 체한다
네가 가슴에 걸려서
다 지나가리란 말
세월이 약이라는 말
해당 사항 없음

내 몸에 그리던 너의 악보 따라
춤추던 밤들
혼란과 안식의 발원은 너
〈

이제
넌 너의 삶을 살아
난 나의 삶을 살게

흐노니*

억수로 쏟아지던 삶의 고통
세상으로 난 모든 번뇌도
내게서는 영원한 안식을 찾기를
봄날의 따스한 햇살 같기를

조용히 어깨를 감싸주던
하얀 눈 꽃송이의 푸근함으로
연잎의 이슬을 받아서
너의 목을 축이고 싶다

가슴에 겹겹이 너를 쌓아두고도
한 겹 오늘 또 너를 덧입는다
온다는 약속도 없는 너를
오늘도 나는 기다린다

잡초로 무성해진 빈자리
멀리 새벽 기차 소리 들린다

*누군가를 몹시 그리워 동경하다

호수에 비친 달

나를
다
가지고도
부족한 거니?

그림자

거실 바닥에 길게 드리운 빛 사이로
바람에 흔들리는 나무 그림자
유영하다

앞서거니 뒤서거니
때에 따라 달라지는 모습들
등질 때도 마주할 때도
욕망만큼 커진 날도
움츠러든 꿈 같던 날도
한 몸 되어 날갯짓한다

발칙하게
또는
격식 있게

구해줘

감정이란 구름과 같아
흘러가는 구름을
잡을 수는 없지

사랑에 빠지고
사랑을 잃은 자

남의 편 1

하늘의 비익조는 혼자 날지 않는다

누군가의 등이 필요한 날
그 등 뒤에서 실컷 울고 싶은 날
필요한
등짝 한 귀퉁이

그
등이
되어 주지 못하는
사람

남의 편 2

관용이란 남의 잘못 따위를
너그럽게 받아들이거나 용서함
즉 나의 적을 참아내는 것이다
비판의 탈을 쓴 비난
남, 편

켜켜이 쌓인 오래된 먼지와 같은
너를 빠져나갈 출구는 어디?

한집에
사는
남

혼인서약서

그대를 내 법적 아내로 맞아
그대를 내 법적 남편으로 맞아
이날로부터 죽음이 우리를 갈라놓을 때까지
부유할 때나 가난할 때나 아플 때나 건강할 때나
영원토록 함께하겠습니다
이로써 부부가 되었음을 선언합니다

"우리는 혼인서약을 하지 않았으니
부부가 아니었을까?"

약장수

애~들은 가라
애들은 가

남부시장 2층, 새벽 경매하던 곳
웃통을 벗어 제낀 사내들
배 위에 납작한 큰 돌을 올려
함마로 내리쳐도 끄떡없다
목에는 쇠 파이프
한여름 엿가락처럼 힘없이 구부러진다
불 뿜는 용처럼 입에서 불을 뿜어내고
냄새도 고약했던 무좀약
여기 아파도 저기가 아파도
먹기만 하면 다 낫는다는 만병통치약
한양이 아니어도
눈뜨고 코 베어 가는 세상

어~디서
약을 팔어~

3부

가을(秋) − 때, 시기

낙화

훌훌 털고 날아갈 수 있는 저 가벼움
만날 날은 아득타
늘 너에게 가고 있지만
닿지 않을 거리에 있는 그대여
물길 따라 흐르는 저 꽃잎에
나의 온기를 나누어
먼저 가 닿을 수 있기를

다시는
널
잃고 싶지 않아
그
공허함이란

끊임없이 길을 잃었어

확신이 있었다면
기꺼이 선택했을 삶에 대하여
확신이 없어도
기꺼이 선택해야만 할 삶에 대하여
걷고 또 걸어가야만 하는 그 길에서
끊임없이 난 길을 잃었어
인간의 자기기만
천국을 바라면서 지옥을 택했지

세상의 급물결이
나를
엉뚱한 곳으로 인도해

부유하는 기분

쓴 건 술이 아니고 그리움이며
그 쓴 것을 술이 아니라
사람이 해소해 준다
그런데 그 사람이 없을 때
사랑받지 못한다고 느낄 때
외로움이 밀려들지
물도 감정도 일렁여야 썩지 않는다

바람이 불어오는 방향에 따라
남겨진 무늬들

가을

자고 나면 예뻐지고
다음날은 더 예뻐지고
매일매일 예쁜 옷으로 덧입는 너

석류

비익조와 연리지를 꿈꾸던
현종과 양귀비는 어디로 갔는가?
풍염의 양귀비가 좋아한
핏빛 영롱한 아름다움

가을밤
알
알
이
석류 터지는
소리

빈 들에서

달빛이 훤히 논 골을 비추던
쌀쌀한 달밤의 볏짚 낟가리
낟가리에 볏단을 더해 주던 의좋은 형제
흐뭇한 미소 한 자락 빈 들에 사랑을 흩뿌린다

노적의 많고 적음으로 부를 가늠하던 시절
백석꾼 천석꾼 만석꾼의 꿈
산처럼 쌓아 놓던 예전의 노적은 아니지만
빈들에는 마시멜로가 꽃으로 피어난다
어린 시절 이삭줍기 숙제
쌓아둔 볏짚 빼내고 하던 숨바꼭질
대보름날의 쥐불놀이
추억에 휘감겨 내 영혼이 달린다
한바탕 춤을 추려고 바람을 불러 세운다

볼 빨간 갱년기 2

불이야
불
온 가심으로
온 몸땡이로

균형이 필요해
up and down

상처 입은 짐승은 서로의 상처를 핥아준다

나귀가 풀이 있으면 어찌 울겠으며
소가 꼴이 있으면 어찌 울겠느냐*

존재 자체로 받아들여 본 적 없고
공감을 받아본 적 없는
기대하지 않는 삶
분노하지만 응징할 힘이 없을 때는
더 비참하다
흘러간 것은 흘러간 데로
내버려 두자 해도
상처는 치유되지 않고
엉뚱한 곳에서 폭발한다
청산되지 않은 과거들은
현재까지도 영향을 준다

자꾸 다치니까
닫히게 된다

*욥기 6:5

아브라싸메(Abrazame)

나를 안아주세요

한 몸처럼 공생하는 선과 악
형태를 바꿔가며 애써도
닿을 수 없는 아득함
마음의 흉터가 많은 내게
눈물이 지나간 뒤의 미소처럼
대나무 성긴 숲에 내린 빛처럼
안아주세요
지금

공기만큼
네가
필요해

이생은 망했다

10남매의 맏며느리로 시집와서
9남매 결혼까지 시켰다
살림하며 지금껏 직장도 다녔다
정다운 아빠 노릇
살가운 남편 노릇은 기대도 안 했다
다 늙어 병수발까지 들게 하고
죽을 날 받아 놓으니
조용히
하는
말

"같이 가자"

까마귀

냄새로 산 자와 죽은 자를 가려낸다는 개미처럼
짙은 어두움의 냄새를 따라 날아간다
낮게 드리운 그 하늘 아래로

붉은 지붕 아래 마른 가지 같은
노인의 바튼 기침 소리
적패지를 배달하러 간다[*]

*적패지-제주도 신화 '차사본풀이'에는 까마귀가 인간의 수명을 적은 적패지를 강림(저승사자)에게 받아 인간세계에 전하는데 이것을 잃어버린 까마귀가 자기 멋대로 이름을 호명해 어른과 아이, 부모와 자식의 죽는 순서가 뒤바뀌어 인간들은 무질서한 죽음을 맞는다

비문증

창
밖
에
잠
자
리
떼
유
영
하
다

핑크뮬리

꽃인가?
아! 풀이구나
몽환적 아름다움

전화번호

미니멀리즘
깔끔하고 정돈된 느낌
더는 뺄 것이 없는
여백의 미에서 느끼는 편안한 감정
공간처럼 인간관계도 정리가 필요하다
너무 많은 관계 속에서
진짜 중요한 걸 잃어버리고 있지는 않은지
마음 정리가 필요하다

오래된 지우지 않은 전화번호
왕래 없던 20년 전 직장 동료의
부고를 받고 생각해본다

이순(耳順)

서걱이다

출
렁
이
면
서

뒤척이다

리사이클

"등짝에 콩 서 말은 심어도 되겠네
허우대는 멀쩡해
소도 때려잡게 생겼고만"
힘도 못 쓰고 꾀부린다는 오해 받고
받은 진단명은 목디스크
연결된 경추 척추 줄줄이 고장이란다
어깨에서는 뚝 소리 나더니
한 달을 누워서 잠을 못 자게 하더라
목디스크 수술에 척추관 협착증 시술
어깨 회전근개파열 수술
절뚝절뚝 무릎은 관절염 3기
뼈 마디마디가 비명을 지른다
몸은 갈아 끼우고 고쳐 쓰는데
햇살 좋은 날
마음도 햇볕에 고실고실 말려 쓸 수 있다면
얼마나 좋을까
〈

이러다 로봇 될라

음치키 음치키

하하하

서리

야! 이놈들아 씨암탉은 두고 가라

끼니도 힘들었던 시절
눈깔사탕 구경도 힘들었지
10리는 족히 걸어 학교 다니던 시절
뒤돌아서면 배고플 때
그 길들 위에 유혹들

초록으로 빼꼼히 고개 쳐든 다짱무우는
발로 탁 쳐서 앞니로 껍질 벗겨 먹고
여름엔 옥수수 가을엔 고구마
소금 한 줌 주머니에 넣고
대파 한 줌 뽑아다 구우면
아! 그 달콤함
달빛 아래 살금살금 수박 서리
원두막에서 잠자던 주인아저씨
후레시 불빛 발사
콩서리 참외 서리 복숭아 서리

〈
친구들과
딱
먹을 만큼만
그때는 그랬어

원하는 것으로 유혹한다

내 목을 촉촉이 적셔주던 커피처럼
내 영혼을 촉촉이 적시던 네 입술
술이 아니라 마음에 취한 거라
마음 따라 움직이다 보니
남사당패 줄 타듯이 무당이 작두 타듯이
욕망인가 자유인가

베푸는 셈 치지 마세요

세월에 주저앉은 다리엔 추억이
기왓장에 새긴 소원은
별처럼 나를 바라만 볼 뿐이다

인생 3

태곳적 아무도
간 적 없던 숲길
이제는 혼자 가야 할
아무도 모르는 외길

울음 터진 그 길
웃으며 가고 싶네

4부

겨울(冬) - 거울의 방언

곤로

대두병에 담아온 석유 한 되
미끄러져 깨뜨리는 날은
낭패다
밥은 연탄불에서 뜸 들이고
비사표 팔각성냥으로
조심스레 불붙여
양은 냄비에 김치 콩나물국
그을음 잔뜩 올라온다

심지 갈아 줄 때가 되었군

우울

하늘 아래 나를 위한 태양은
없다고 느껴질 때
온몸으로 온 마음으로
매미처럼 시원하게 울어봐

깊이를 모를 슬픔 고통을 응시해
웃음으로 통곡하던 지난 시간
오늘이 추워도 우리의 봄은 이미 와 있을 거야
긍정적 착각도 마음의 평정심을 갖게 한대
아무리 얼룩덜룩한 날에도
맘고생을
꿔다 하지는
마

동명이인(同名異人)

우린 각자의 인생 대본을
읽어보고 선택한 거래
태어날 때 잊어버려서 그렇지*
완벽하지 않아도 괜찮아

같은 이름으로
다른 삶을 사는 사람들
지겨워진 자신을
숨길 곳이 필요해

*영화-우리 태양을 흔들자 중에서

눈

파란 하늘이 고독에 몸부림칠 때
가만히 네 어깨를 감싸줄게
네 코끝에 뽀얀 두 볼 위에
너의 입가에 미소가 되어 줄게

쇼윈도 부부

가면을 쓰다 보니 굳어져
내가 되었다
허울뿐인 너
연결되지 않은 나

네가 뱉는 공기의 흐름
무거워
지붕에 구멍 나더니
장마가 오더라

인생 삼재 2

딸 많은 집 일곱째 딸
집안 살림은 기울어서
학교 갈 차비 달라면
이어지는 엄마의 넋두리
월요일마다 듣게 되는
토시 하나 틀리지 않는 탄식 탄식들

맨 날 아프다며
서방은 들들 볶아대고
남들 앞에선 네가 뭘 아냐고
각시 깔아뭉개기 선수
아파 누워있으면 장사는 바쁜데
팔자 좋게 누워있다 타박이나 한다
부모 복 없는 년은 서방복도 없다더니
우리 어메 나더러 "이년아 너는 물도 씻어 먹냐?"
정직히 열심히 살아왔건만
개보다 못한 이년의 팔자
쨍하고 해 뜰 날 하루도 없네

〈
금쪽같은 내 새끼는 씨도둑 못한다고
지애비 몹쓸 병만 물려받고
돈 쪼끔 모아두면 우째 알고
다 뜯어가는 웬수 같은 시집 식구들
잘 먹고 잘 살았다면
명이 짧았을 거란 무당의 말
이렇게 살면서 명 길어 뭐하게
복 없는 이년의 팔자는
삼재의 연속이라네

과거가 아무리 좋았대도 한낱 추억일 뿐이다

남쪽으로 떠난 기러기 해마다 돌아오는데
무리를 떠난 기러기 머물 곳 없네

입김보다 가벼운 물에 써 내려간 맹세들
화살보다 독한 말로 서로를 겨누고
인자한 미소를 내게서 거두어 버렸네
이겨낼 수 없는 정념
고통은 실수를 깨닫게 하고
후회는 교훈이 된다

파편처럼 떠다니는
작은 조각의
행복들

난심
– 구하나 얻지 못하네

욱여넣어도 채워지지 않는 허기는
금지된 것에 대한 갈망
후회와 반추 생각의 증류를 거쳐서
모든 게 없어져도 나는 없어지지 않아
어둠에 물들지 않고
빛에 바래지 않게
후회를 남기지 않는 게 중요해

바람불어 물결 일어나니
순풍에 돛달아 나아가리
새로운 봄이 올 때까지

네 아버지는 웃밥만 먹고 가셨다

우리에게 뜨겁던 날이 있기는 했을까?

누군가를 내 삶에 받아들이는 것은
외로움을 견뎌낼 힘이 없어
너무 쉽게 영원을 믿어버린 선택 뒤에
짊어져야 할 버거운 그림자
삶은 수용하는 것이라고?
어찌할 수 없어 나의 목을 꺾어버린
잔뜩 구겨진 인생일 뿐이지

배우자의 무덤 앞에 선다는 건 어떤 느낌일까?
"죽어도 네 애비 옆으로는 안 갈 테니
메똥 팔아먹어라"

고통은 극복이 아니라 덮을 뿐이고
시간이 감에 따라 풍화될 뿐이다

누구도 외롭지 않게

이생에서는 미련둘 만한
아무것도 없다
내일을 향한 채 죽음을 맞이한다
숨을 쉬듯이

여음으로 가득한 짧은 꿈 같고
찰나의 번개 같은 인생도
영원만큼 중요한 이 순간도
칠흑 같은 밤하늘의 별이 더 반짝이듯
죽음을 의식할수록 삶을 잘 살아갈 수 있다

태양은 앞에서 떠오르지만
등 뒤의 그림자는 내가 만든 거라서
자꾸만 흔적을 지우며 준비하는
어떤 죽음이, 불가피한 죽음이
해방이 되지 않도록
스쳐 가지 않도록
불러 주세요

무명씨(無名氏)

사람들의 발길 따라 자라는
질경이도 이름이 있는데
왕골이 진펄이 아니고 나겠으며
갈대가 물 없이 자라겠느냐*

나와 마주 앉은 시간
나로 내 이름으로 산다는 것
이름이 중요한가?
장미꽃은 다른 이름으로 불리워도
향기로울 텐데*

한때는 사랑받았으나
이제는
잊혀진 이름

*욥기 8:11
*로미오와 줄리엣

내리는 비를 어찌 막겠어

춤추고 싶은데
꽹과리 쳐주는
사람을

흔들리는 등불

새벽바람에도
취기가 가시지 않는다

다시는 피지 않으리
이렇게 빨리 져 버리는 걸
다시는 피지 않으리
소슬한 가을바람엔

그 or 그녀

그 or 그녀가 어떤 사람이었든
없던 사람으로 여기면 안 돼
그건
나를
부정하는 거야

미련 3

잡히지 않지만
놓을
수
도
없
어

인생

?
!
.

도 닦는 스님이 염불 안 하냐?

험한 산길 오르지 않고
어찌 정상의 아름다움을 보겠어

우리의 몸과 마음은 단 한 번만 주어진다
나를 잘 알아야 남에 대한 이해도 커지는 법
질곡된 삶을 타고 꺾여진 자유를 펼쳐라

불확실에 적응해가며
무지개가 떠 있는 시간을 즐겨
멈추어야 비로소 보이는 것들이 있으니
그렇다고
어제를 쫓을 순 없잖아
피는 꽃이 있으면 지는 꽃도 있는 법

뻔한 것이 진리다

누구나 비밀은 있다

양날의 날카로운 칼날이자
독약과도 같은 사랑
끝없이 샘솟는 욕망과 욕구
사랑받고 있다는 확신이 필요하다
마셔도 마셔도 목이 마르다
그대 앞에서 나는 속수무책이더라

너를 기억하게 하는 건
그날의 분위기
그곳은
너로 기억되는 곳
이번 생에도 다음 생에도
당신만을

사랑은 결심이야
빠져드는 게 아니라 뛰어드는 거니까[*]
내가 네게
네가 내게

*영화 파인드미폴링